MW00389133

This book belongs to:

____

Made in the USA
Las Vegas, NV
06 December 2023

82219598R00069